明桥大二

快乐家庭育儿

[日]明桥大二 著
育儿专家
儿童心理专家

[日]太田知子 绘
妈妈插画家

邢行丽 译

塑造孩子好性格

人民东方出版传媒
People's Oriental Publishing & Media
東方出版社
The Oriental Press

图书在版编目（C I P）数据

塑造孩子好性格 /（日）明桥大二著；（日）太田知子绘；邢行丽译．一北京：东方出版社，2018.8
（明桥大二快乐家庭育儿）
ISBN 978-7-5060-9412-2

Ⅰ．①塑… Ⅱ．①明… ②太… ③邢… Ⅲ．①性格－家庭教育－儿童教育 Ⅳ．① G781

中国版本图书馆 CIP 数据核字 (2016) 第 321014 号

明桥大二快乐家庭育儿：塑造孩子好性格
（MINGQIAODA’ ER KUAILE JIATING YU’ ER ：SUZAO HAIZI HAOXINGGE）

作　　者：[日] 明桥大二
绘　　者：[日] 太田知子
译　　者：邢行丽
产品经理：张　旭　边梦飞
责任编辑：王莉莉
出　　版：东方出版社
发　　行：人民东方出版传媒有限公司
地　　址：北京市东城区东四十条 113 号
邮政编码：100007
印　　刷：小森印刷（北京）有限公司
版　　次：2018 年 8 月第 1 版
印　　次：2018 年 8 月第 1 次印刷
印　　数：1—10000 册
开　　本：880 × 1230 毫米　1/32
印　　张：5
字　　数：60 千字
书　　号：ISBN 978-7-5060-9412-2
定　　价：39.80 元
发行电话：（010）85924663　85924644　85924641

序　言

前些天，我跟一位妈妈有过这样一场对话。

“培养孩子的自我肯定感，真的是很重要的呢。”

“您能明白，真是太好了。”

“所以下次我想让孩子去上学习培训班。”

“啊？”

“我觉得孩子上培训班的话，肯定会对自己更有自信的。”

“原来是这样啊……那您的孩子说过想去上培训班吗？”

“孩子说不想去。但是，我想让他去。”

“这样啊……但是如果孩子坚持不愿去的话，怎么办呢？”

“那我就告诉他，不管什么培训班，反正得选一个。”

“您是觉得孩子不投入某个兴趣的话，就无法养成自我肯定感吗？”

“正是如此！！”

对话尚未有进展，却感觉到了言语间的火药味，最终对话就这么结束了。

此前，文部科学省开展了一项关于中国、美国、日本三个国家中学生自我肯定感的委托调查，并于 2002 年公布了此项调查的结果。（日本青少年研究所《关于中学生生活意识的调查》）。

（1）回答“我是不比其他人差，有自己的价值的人”的孩子的比例

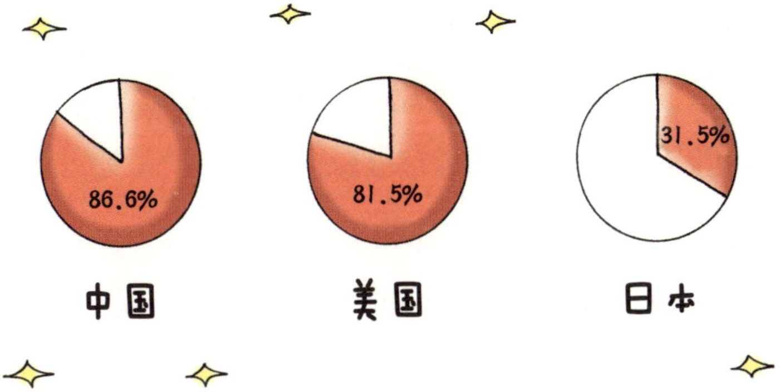

（2）回答“有时觉得自己是个没用的人”的孩子的比例

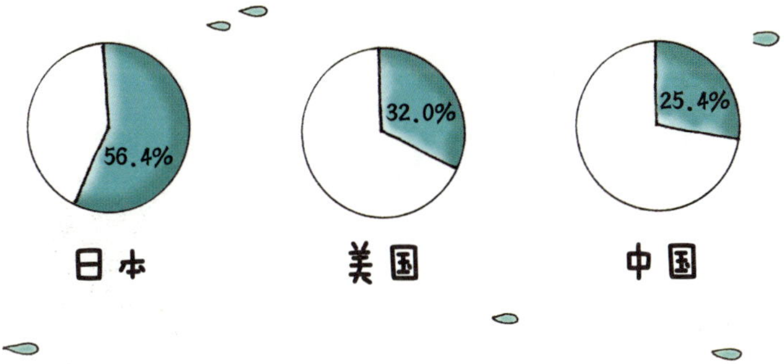

确实，这中间也许存在着国民性的差异，我并不认为仅凭这个调查就能够断定一个国家育儿质量的好坏。

但是，即便如此，日本孩子自我肯定感低的状况很突出，这一点是不得不承认的。

日本的孩子与中国、美国的孩子相比，不可能是特别没用的孩子。那么，为什么日本的孩子对自己的评价如此之低呢？

日本社会对孩子总会使用一些否定性的语言，比如“任性”“没精打采”“撒娇”等，不就是这种社会倾向导致了这样的结果吗？

“我有我的存在价值”“我是可以活在这个世上的”，这种所谓的自我肯定感，对于活在这个世上的每个人来说是最重要的东西。但是，我们没有在孩子的心里培养起这种意识。

让孩子做某件事情，然后表扬孩子，仅仅如此并不能培养出孩子的自我肯定感。因为事情进展不如意的时候，大人反而会否定孩子。

培养孩子的自我肯定感，就是认同孩子现在最真实的样子。无论孩子去不去培训班，学习成绩优不优秀，孩子都是在拼命地生活着。

首先，需要认同孩子的这份努力。“你真棒，你是我的宝贝”，得把这样的话告诉孩子，让孩子知道自己的重要性。

只有有了这种心理基础，培训班也好，学习方面也好，才能激发出孩子各种挑战的欲望，然后树立起自信，即便遇到挫折也能够拥有重新来过的勇气。

孩子学习能力下降的话，大家都会慌成一团。然而，比学习能力更重要的，孩子的自我肯定感是如此低的这件事，我们是否需要重新反思呢？

“明桥大二快乐育儿”系列着重强调了自我肯定感（自我认同感）有多重要。并且，**如果大人接受孩子的撒娇，孩子才能获得自我肯定感。**

另外，**为了培养孩子的自我肯定感，还有很重要的一点，那就是培养孩子自立的意识**。

我将以这个主题为中心，同时应读者的要求，谈谈如何应对青春期的孩子。

拥有无限宽广未来的孩子们以及各位父母们，请你们拿出信心和勇气吧！若拙著能为此略尽绵薄之力，真是无比的荣幸。

明桥大二

明桥大二快乐家庭育儿

塑造孩子好性格

目录

1

如何培育孩子的心灵 ①

反抗，是孩子萌生自立意识的表现 2

▶ 恶作剧，是孩子开始拥有自主性的证明。如果过于斥责或制止孩子的话，会打消孩子自立的意识。

2

如何培育孩子的心灵 ②

认真倾听孩子说话 12

▶ 即便是父母不愿意听的事情，但如果孩子的主张是正确的，也要坦然接纳。这样可以培养出孩子对自己感知方法及判断的自信。

3

如何培育孩子的心灵 ③

让孩子拥有自信 ……………… 16

- 让孩子自己去苦恼、思考，找到答案，这样他们才会逐步建立自信心。

  当孩子失败时，重要的不是一味否定，令孩子窘迫不安。

4

如何培育孩子的心灵 ④

反抗，孩子成长的证明 ……………… 20

- 反抗，是孩子成长的证明，是值得高兴的事。

  在青春期完全不反抗的孩子，反而会让医生担心。

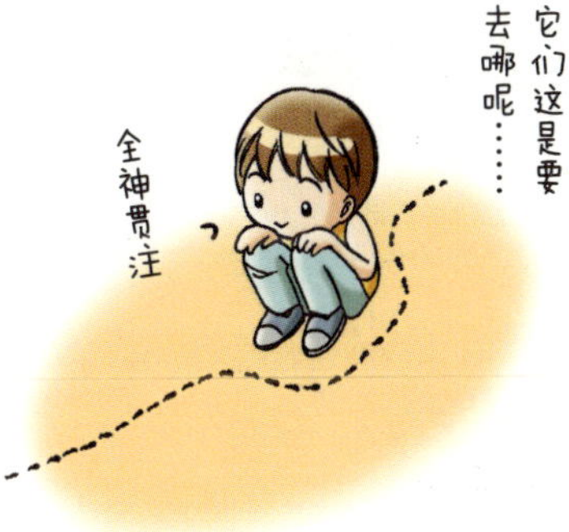
全神贯注
它们这是要去哪呢……

哟！

5

如何培育孩子的心灵 ⑤

陪伴在摇摆不定的孩子身边 24

▶ 首先让孩子自己迈步。
大人用同样的速度跟随着孩子。
尊重孩子的成长节奏。

6

如何培育孩子的心灵 ⑥

父母放下肩上的担子，
就会轻松 30

▶ 父母感觉轻松，孩子也会变得快乐。

太好了！
孩子站起来了！
摇摇晃晃

7

完全抹灭撒娇的话，我们就无法生存下去 34

▶ 请多肯定孩童时代的“撒娇”。

妈妈
好软和
啊～

8

10岁以前的撒娇对于孩子人格基础的构筑，
十分重要 42

▶ 即使孩子过了10岁，也绝对不算晚。

9

并非任性的孩子，才会不去学校或患上
身心性疾病、拒食症 46

▶ 无法按自己的意愿来，一味地附和他人，一直勉强着自己的孩子，才会如此。

10

孩子为什么会这么累？ 50

▶ 说累的孩子多了，但是，孩子能将“好累”说出口，不是坏事。

11

“为了不让孩子将来走偏，得从小严加管教”，这种想法是错误的 ······ 56

▶ 父母拼命想管教好孩子，结果却适得其反，这类案例比比皆是。

12

育儿支援 ······ 64

▶ “育儿支援”现在成为日本全社会的课题。

读者来信：

亲子温馨一刻① ······ 68

亲子温馨一刻② ······ 70

父母问得最多的问题

Q.1

我对育儿没有自信，每天都很苦恼 …… 72

Q.2

孩子不顺心就闹脾气，
真不知道该怎么办才好 …… 78

Q.3

孩子“认生”若不早点改过来，
以后会很让人担心吗？ …… 84

Q.4

怎样才能让孩子坚强点，不哭呢？ …… 88

Q.5

怎样才能让自己变得更有耐心呢？ …… 94

Q.6

不希望孩子将来是动辄发怒的暴脾气，
需要增强孩子忍耐的能力吗？ 100

Q.7

要满足孩子的要求到什么程度呢？ 106

Q.8

独生子会给孩子的成长带来什么问题吗？ 112

Q.9

单亲母子家庭对孩子的成长会造成影响吗？ 116

Q.10

为了打开孩子的心扉，
该怎么跟孩子说话才好呢？ 120

Q.11

对父母说孩子的问题时，老师需要注意什么？ 126

Q.12

孩子不想去上学了，父母该怎么办呢？ 132

谢谢……

反抗，是孩子萌生自立意识的表现

▶ 恶作剧，是孩子开始拥有自主性的证明。如果过于斥责或制止孩子的话，会打消孩子自立的意识。

● 得到足够的安全感后，孩子便萌生自主性。

孩子一开始是在完全依靠母亲的状态下出生，从母亲那里得到了足够的安全感。拥有足够安全感的孩子便会萌生出对外界的好奇心，开始进行对外界的探险。刚开始蹒跚爬行的孩子对一切事物都感兴趣。把东西翻来翻去，或放进嘴里，这些都是孩子自主意识的开端。

●大人觉得孩子变得很棘手，但此时孩子的眼睛熠熠生辉。

也就是说，**孩子的自主意识对于父母来说是非常棘手的状态**。把东西弄得横七竖八，什么东西都放进嘴里，弄破重要的纸张，真是让人一刻也无法放松。但是这个时候，孩子的眼睛会熠熠生辉。

孩子到了两三岁的时候，出现第一次反抗期。对于父母的指示或命令，孩子开始说“不”。父母想要帮忙的话，孩子会说“我自己来”。孩子简直越来越难带。

●孩子开始说『不』『我自己来』，这时候孩子就越来越难带了。

孩子再长大一点，行动能力升级，从游戏开始，慢慢会进行恶作剧、毁坏重要的东西、做危险的事情等等。但是实际上，这些都对孩子的心灵成长很重要。**反抗，是独立性的证明。恶作剧，是好奇心的表现，是孩子萌生自主性的证明**。从大人的角度来看，即使是感到很困扰的行为，对于孩子来说，也有自己的缘由。对此，大人如果按自己的方法来，一味地责骂或制止孩子，就会损伤孩子的自主性。所以，大人过多地干涉、禁止孩子的游戏或恶作剧，会磨灭孩子独立的意识。

不行啊，把衣服都弄脏了。
水洼好好玩啊~
哗哩
哗哩

恶作剧，对于孩子心灵的成长很重要。

建议

把没用的规则强加在孩子身上、束缚孩子，抢先插手孩子的事，这样的话，会削弱孩子的积极性。

有位名叫早川隆司的老师，在富山县买下了一栋废弃的房屋。他将房屋改造成了一个名为『儿童恶作剧村——游醉亭』的场所。
在这里，孩子们不用受成人世界的常识和价值观的束缚，尽情地玩耍。
这既是个隐蔽所，也是个秘密基地。

没有大人的命令、规则以及日程安排，认同每个孩子快乐的方式，『快点做』『态度真差』『一起做』等等训斥，在这里一概不存在。
得到解放的孩子们在这里尽情地玩耍。
跳水试探溪流的水深
墓穴探险
在废弃的校舍里寻找『鬼娃娃花子』的游戏
即使用木棒戳破拉窗格子，也不会有谁来责骂孩子。
沉浸在这些游戏中，即使是一直很安静的孩子，
也会在转眼间，脸上转变出生动的表情。

不管是在学校或家里，无论一直躲在角落
里的孩子还是没精打采经常被催促的孩子，
在这里，他们都会成为各种游戏的主角。
在这里，通过孩子们相互玩耍游戏，我们明白了一件事，
也就是说，我们大人是如何给孩子们强加无用的规则
束缚孩子的手脚，或者横加干涉，挫伤孩子的意愿的。
『要玩得更开心些』，『要和大家好好相处』等等，
如果对孩子重复这些指示和命令，那就已经不是玩耍了，而是变质成了工作。

关于工作和游戏的关系，马克·吐温的著作《汤姆索亚历险记》中，有这样一段话。
作为惩罚，你得做这涂油漆的活儿！
切～
喂，汤姆，你被安排干活儿啦？真辛苦啊！
什么？
对了！
啊？你说的干活儿是说涂油漆吗？
这么好玩儿的事你居然说是干活儿？
真可怜，你居然不知道涂油漆的乐趣。
是……是嘛？很好玩吗？
刷～
喂……我说，能让我也玩儿一下吗？
恳求
不行。刷油漆可不是谁都能做得来的哦。
恳求
别这么说嘛……那，我用这个苹果跟你换！
恳求
哈
也让我玩啊！
哇，好期待！
哈哈哈哈

这段对话，很生动地表明了工作与游戏的关系。即使是工作，也能够成为让人花钱都想玩的游戏；即使是游戏，被强制了的话，就会成为工作。

孩子的世界本该充满游戏，现在却充斥着指示、强制性的“工作”。这些削弱了孩子的活力，甚至只会让孩子对学习、工作感觉到痛苦。

当被问到“如何让怯场的孩子也能投入游戏中”时，恶作剧村的早川老师当即回答说：“孩子总会有想玩的时候。那时候，孩子自然就会过来要求玩耍。”

大人重返童心的话，就能激发出孩子的活力。

认真倾听孩子说话

▶ 即便是父母不愿意听的事情，
但如果孩子的主张是正确的，
也要坦然接纳。
这样可以培养出孩子对自己感知方法及判断的自信。

● 孩子开始有了自己的想法。

稍稍长大后，孩子便会开始有自己的想法，“我是这样的”“我想这样做”。其中，也会说些批判性的话：“妈妈，是这样的”“爸爸，难道不是这样吗？”

○ 即使让人不高兴，但是要承认孩子说的正确的话。

但是，要认真地听孩子的这些话。如果认真地听了孩子的话，经常就会觉得：“确实跟你说的一样啊！”

即便是父母不愿意听的事情，但如果孩子的主张是正确的，也要坦然接纳。其实，孩子一直在看着，通过父母的认同，孩子也会对自己的感知方法以及判断拥有自信。

× 完全否定孩子说的话。

我刚刚明明说了这么多！
都是些什么！全是些狗屁理由！真是个不可爱的孩子！
只有我一个人没有哦！
撒谎！居然撒这种谎想让我给你买！这样的话，也会被朋友们讨厌的！
总是这么违抗父母，你这孩子怎么回事！
发怒
你只要听父母的话就行了！
发怒
原来我不论说什么，父母都是不会听的……
一定是我不正常……

相反地，如果完全否定了孩子说的话，孩子对自己的感知方法就会失去自信，完全依赖于周围的判断。

有的孩子即使被问到自己的意见，也不回答，而是完全看周围人的脸色。也许，这是因为自己的意见不被倾听，也许是没有人告诉他们，正确的就是正确的。对于误解了的事情，也没有人鼓励他们说“确实也有这样的想法呢”。

让孩子拥有自信

▶ 让孩子自己去苦恼、思考，找到答案，
这样他们才会逐步建立自信心。
当孩子失败时，重要的不是一味否定，令孩子窘迫不安。

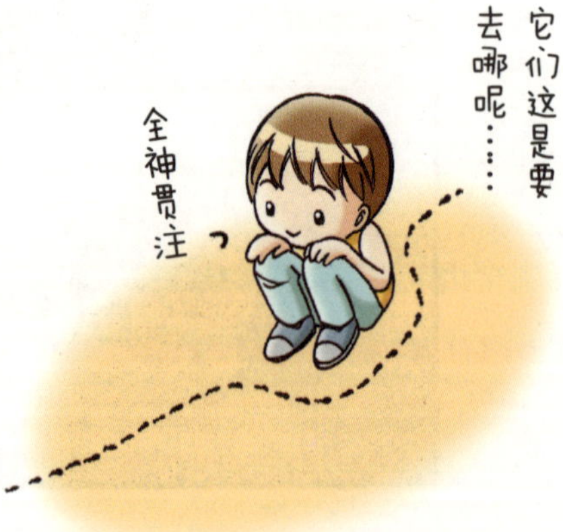

怎样才能让孩子自立？赋予孩子足够安全感的同时，另一个重点是，要让孩子拥有自信。

如何让孩子拥有自信？让孩子自己去苦恼、思考，找到答案，这样他们才会逐步建立自信心。所以，大人尽量控制插手或插嘴孩子的事比较好。

● 尽量别插手或插嘴孩子的事比较好。

× 孩子失败时，穷追不舍地追问孩子。

当然，孩子也会有失败的时候。此时大人可能会担心，失败会不会让孩子丧失自信心呢？但是，**重要的并不是失败不失败，而是孩子失败时周围人的评价。**

○即使孩子失败，也以肯定的眼光看待孩子。

失败，是人生的附属品。即使重复失败，从不断的失败中重新站起来的人与丧失自信的人，不同之处在哪里呢？周围的人说是孩子没有毅力，实际上，与其说是孩子没有毅力，不如说是因为孩子受到周围否定性眼光的逼迫所造成的。

4

反抗，孩子成长的证明

▶ 反抗，是孩子成长的证明，是值得高兴的事。
在青春期完全不反抗的孩子，
反而会让医生担心。

● 孩子在青春期逐渐出现反抗、批判等问题，这是孩子学会独立的自然表现。

小学后，孩子就进入了青春期。孩子的自立表现为反抗、反对父母的批评，矛盾激烈的时候，甚至会采取攻击的方式。

首先，孩子在这个时期出现的反抗及批判，是孩子**逐渐走向自立**的表现。这也说明，**一直以来对孩子的教育没有走偏**。“为什么孩子会反抗呢？”“我不记得这么教过这孩子”，父母也许会有这样的疑虑，但是正是因为孩子接受了正确的教育，才会开始反抗。

孩子出现反抗的行为，父母不应该担心，反而是件值得高兴的事。对于孩子的自我主张以及反抗，希望您不要擅自否定性地将之定义为任性。孩子在反抗期期间，有时会出现与父母矛盾特别激烈的时候。

正因为成长了，所以孩子才会开始反抗。

这种情况基本上是一直以来没有充分地反抗过父母的好孩子，或者因为孩子一直以来被压抑着，所以到了青春期，就一下子爆发出来。出现这种情况，家长为了跟孩子接触，需要相当的忍耐力和付出一定的辛苦。

但是即使如此，孩子能够在青春期的时候爆发出来，也是件好事。从医生的角度来看，我们反而担心那些在青春期完全没有反抗行为的孩子。

陪伴在摇摆不定的孩子身边

▶ 首先让孩子自己迈步。
大人用同样的速度跟随着孩子。
尊重孩子的成长节奏。

对于每天反反复复地撒娇、反抗，从而让人感到心烦意乱的孩子，该用怎样的态度对待他们才好呢?

一言以蔽之，就是**陪在发育还未稳定的孩子的身边**。

在这段时期，孩子有时会依赖家长，有时会有自己的想法，对于孩子这种摇摆不定的状态，大人需要先在认同的基础上再与孩子相处。

也有人说："要陪伴在孩子的身后。"（匠泽俊介《伴随的父亲》）

当孩子要往后右走时，好吧，我跟着你。

当孩子说"不，我要往左走"时，好吧，我跟着你。

当孩子说"算了，我还是要往右走"时，也许你会心生怒火，几乎要一声断喝"够了！"，但最终你还是要"好吧，我跟着你"。

这时，需要的就是所谓的不命令、不训斥、不干涉。

总是训斥、命令孩子的话，孩子就无法自立。

○ 在孩子摇摆不定的时候陪伴着孩子很重要。

首先让孩子自立。大人用相同的速度跟着孩子。孩子停止的话，大人也停下来。然后等孩子开始迈出脚步的时候，也开始用相同的速度跟着。不要跑到孩子前面拽着孩子前行，也不要从后面催促孩子，尊重孩子的成长节奏。

婴儿时期开始，孩子从蹒跚学步逐渐成长到能一个人站起来，家长们一直期待着孩子的第一步。孩子迈出第一步的时候，无论是孩子还是大人都非常高兴，希望大人们能够重新记起那份喜悦。

虽说如此，但也不能冷淡地对孩子说“那你就怎么喜欢怎么来吧”。陪伴着孩子，对待“陪伴”，有另外一种态度，就是**“不要放任不管”**。

即使说出冷漠的话，但是家长仍然还是会担心，于是还是跟在孩子后面。另外，**如果孩子变得不安，转而后退的话，家长们需要告诉孩子：“没事的，有我们在呢。”**

并不是说不论孩子去哪边都回答“好的”，然后就这么在后面跟着。如果是去了很危险的地方，孩子走向悬崖也回答“好的”，那就真的是“放任不管”了。

孩子选择的路真的存在危险的时候，“不能去那边！”“去那边危险！”就得严厉地阻止孩子，这也是“不要放任不管”的态度。

父母放下肩上的担子，就会轻松

▶ 父母感觉轻松，孩子也会变得快乐。

啊！这是怎么回事?!
我说过你玩的话就要给我好好收拾吧？
连父母的话都不听，真不可爱！
算了算了
主人。
我向现在的您推荐这个——
能让人想开的眼镜！
等一下，你是哪位啊？
反正您先戴戴看嘛。
给~
哇！
哎……
这股激动的心情，怎么回事……
心里暖暖的
还是个孩子嘛，不可能全都听家长的话啊。孩子就是只做自己想做的事嘛。
孩子就是这种生物嘛。
眼前一亮
啊！什么？
天啊！孩子什么时候画的这么好了！
想开一点反而会发现孩子优点呢！
咔嗒咔嗒
咔嗒

我回来啦……
天啊，你这是怎么了！
晚饭呢？什么？晚饭都没做？
发怒？
算了算了，主人。
给你这个，一件神奇的夹克。
这是，什么……
话说，你是谁啊？
啊……没做饭的话出去吃算了……
又不是什么大不了的事情。
我刚才到底在发什么威呢？
而且，房间乱了的话，等会儿打扫就好了，算了算了~
算了算了~
是啊。
咔嗒
咔嗒
咔嗒

如果父母卸下了肩上的担子，就会轻松。父母觉得轻松了，孩子也会开心了。

这样，乌云密布的家庭氛围也会逐渐缓和，大家脸上才能出现阳光般的笑容。

不管父母还是孩子，在外待人处世都很累。

大家不都希望，至少在家里能松一口气吗？

7

完全抹灭撒娇的话，我们就无法生存下去

▶ 请多肯定孩童时代的“撒娇”。

育儿最重要的是什么，很多人都会回答是“爱”吧。

肯定没有人不同意这一点吧。

但是，我们想要让孩子学会爱的时候，其实对于孩子来说，还需要满足一些必要条件。

那就是孩子向大人要求爱的行为。

并且，这种行为就是“撒娇”。

只有会“撒娇”，才能传递“爱”。

向不会撒娇的孩子传递爱，是件很不容易的事情。

不会撒娇的孩子

会撒娇的孩子

“爱”与“撒娇”，是一车之两轮。

觉得“爱”很重要的话，也应该重视“撒娇”。

人们都说，爱很重要，可是，别撒娇。这种观点是莫大的矛盾。

● 成人的世界里也可见各种撒娇。

而且，撒娇并不是只在孩子的世界里才有。夫妻间的对话、与朋友的义理人情、与上司的商谈、去小酒馆跟同事发牢骚、去餐吧求得老板娘的安慰……这些不同的撒娇都有各自的作用，都构成了社会整体中的一环。

如果完全不“撒娇”的话，我们就无法生存下去了。

比起撒娇，有的人却是站在“让人撒娇”的立场上。这样的人，一直照顾他人，被他人需要着，因此也是受了“撒娇”的恩惠。

现在的人情关系日益淡薄，夫妻、父母与孩子、朋友、恋人，大家都没有过多来往，只剩下不痛不痒的对话。这种现象，换句话说，就是大家相互间都不会撒娇了。

如今，该撒娇的时候却不撒娇的人增多了。

这会带来怎样的后果呢？“依赖症”大幅度增加。

以前一说起“依赖症”，只会想到酒精依赖症。但是现在，不仅仅是酒精，药物依赖症、过食症、赌博、购物依赖症、工作依赖症、跟踪依赖症等等，所有的东西都成了依赖的对象。所有这些依赖症的通病是，无论如何都无法得到安全感与满足感，反而会更加感到孤独和罪恶感。

跟踪依赖症
药物依赖症
过食症
相亲……
恋爱依赖症
赌博依赖症
酒精依赖症

不管怎么依赖这些，也无法得到安心感和满足感。

父母与孩子之间、夫妻之间、朋友之间等等，原本都是可以尽情撒娇的关系，可是由于双方都不撒娇，很多人就开始依赖一些本来不必要依赖的东西。

现在的情况不就是这样么。

“撒娇不好”，这条错误的常识对于造成这种社会现象的影响很大。

所以，我们应该更多地肯定孩子在孩童时代的“撒娇”。

日本原本就很重视孩子的撒娇。绝对不要以此为耻。因为撒娇能够带给人与人之间的信任和体谅。

日本的犯罪率比其他国家低很多，这与重视孩子年幼时期的撒娇也有丝丝缕缕的关系。

8

10 岁以前的撒娇
对于孩子人格基础的构筑，
十分重要

▶ 即使孩子过了 10 岁，也绝对不算晚。

撒娇可以说是人生存不可缺少的东西，不管年龄大小都需要撒娇。但是，10 岁之前的撒娇，对形成孩子的人格基础，是十分重要的。

那么，孩子过了 10 岁怎么办呢？孩子 10 岁以后就会逐渐离开父母走向自立，在这之前充分撒娇的孩子，就会逐渐地不撒娇了。

虽然孩子想摆脱对父母的依赖，但是父母还是拘泥于孩子撒娇的能力不放手的话，反而会阻碍孩子自立。

孩子走向自立的时候，父母需要守护在一旁。孩子不安的时候，给他肩膀让他依靠、让他撒娇，做孩子随时停靠的港湾。

还是那句话，尊重孩子的成长节奏，这一点很重要。

我们去玩吧！
嗯嗯！走吧！
轻松了。
但是还是有点孤单……
是吧，点点……

孩子逐渐脱离父母

● 父母对孩子不放手的话，会阻碍孩子的自立。

另外，有的家长也许会有这样的担心，孩子已经过了 10 岁，可是一直以来都没怎么宠爱他，再去做已经晚了吗？

亡羊补牢，犹未为晚。

过了 10 岁，即使之前孩子没有得到足够的宠爱而学会撒娇，但是一离开父母，孩子的人生还会发生各种意想不到的事情。

在这期间，孩子肯定会有需要父母帮助的时候，此时，如果父母给予大量的支持以弥补一直以来亏欠给孩子的撒娇，最终还是能够挽回的。

9

并非任性的孩子，才会不去学校或患上身心性疾病、拒食症

▶ 无法按自己的意愿来，一味地附和他人，一直勉强着自己的孩子，才会如此。

●一直勉强自己太为他人着想的话……

以前，有人认为“孩子混淆了自由与任性的界限，才会不去学校”。但是，在那些不去学校的孩子里反而很少是因为任性才不去上学的。患有身心性疾病、进食障碍（拒食症、过食症）的人也是如此。相反，其中很多孩子是因为太为他人着想，或者太看重他人的期待、太好强，导致疲惫超过限度，从而无法去学校了，或者是因为患上一些身心性疾病。

绝对不是因为孩子太任性。

● 按自己的意愿来，绝对不可能生病。

想一想，这也是理所当然的。任性是“任凭自己的性子”，就是按自己的意愿来，自然没有精神上的压力，绝对不可能生病。

心理疾病的产生是因为事情不如自己的意愿，或者一直勉强着自己附和他人，任性是不可能导致疾病的。

不如说，**孩子养成任性的习惯后，能力不行，等长大了，身体状态变差的情况反而更多。**

10

孩子为什么会这么累？

▶ 说累的孩子多了，
但是，孩子能将“好累”说出口，不是坏事。

● 培训班多、学习任务重，孩子睡眠不足。

最近，倾诉自己“好累”的孩子增多了。确实，这是以前大人们无法想象的事。那么，这是孩子的撒娇吗？我绝不认同这种观点。只要孩子说“我好累”，那孩子就真的是累了。

孩子能将“好累”说出口，还算是件好事。几乎所有的孩子自己都没有感觉到自己正处于累的状态，直到出现头痛、肚子痛等身体不适的症状。

孩子为什么会这么累呢，这有很多的理由。

首先，最大的原因是睡眠不足。最近，越来越多的小学生都是晚上十一、二点才睡觉。

当然，每个孩子的情况不同，有些孩子睡眠时间少也没有问题，如果孩子倾诉自己疲劳或身体乏力的话，家长应该首先想到的就是孩子睡眠不足。**希望家长们能够适当减少孩子的培训班和学习任务，确保孩子有充足的睡眠时间**。

孩子有烦心事的时候，当然也会累。即使什么事都没有的时候却感觉累的情况也是有的。这多是机灵、脑子灵活的孩子，能够举一反三的类型。

●会举一反三的孩子。

“把这个做了啊！”被父母吩咐任务的话，就老老实实地完成。不仅如此，明天、后天，都想着如何做好这件事，并且好好完成。

● 说10遍，9遍忘了的类型。

妈妈出去了，等会儿把电饭煲的插头插上啊。
嗯，好。
我回来了。喂，电饭煲的插头……
啊，我忘了！
洗好的衣服自己拿回房间啊。
嗯，好。
喂，我说你什么时候拿回房间啊！
啊！抱歉，我现在就拿。

但是，说了10遍，才勉强做一次的孩子也是有的。这样的孩子是大多数。说了10遍，9遍忘了。说第10次的时候才终于做了1次。并且，再不会多做一点点。

说了10件事情，有的孩子却做了100件，还有的孩子只做1件。

那样的话，前面的孩子就比后者多做了100倍的事。

这就会出现疲惫。在此基础上，对于前面那种类型的孩子，父母越容易对他们下达任务，说“把这做了”“把那做了”的话，而且全是生活上的义务，孩子就越被当成奴隶使了。容易疲惫的孩子，容易在青春期以后不去学校、“家里蹲”的孩子中就有这种类型的孩子。所以，对这样的孩子，必须只要求他们做最低限度的事情。

建议

当你觉得孩子精神疲惫，吩咐孩子做事的时候只要求他们做最低限度的事情。

11

“为了不让孩子将来走偏，得从小严加管教”，这种想法是错误的

▶ 父母拼命想管教好孩子，结果却适得其反，这类案例比比皆是。

最近，媒体报道了一系列青少年犯罪事件，引发了社会骚动。
便利店店员被害事件
高二男生接受问话调查
16岁少年杀人未遂
我、我才不是坏人!!
杀害同年级同学
动机是
杀害父母的
17岁少年
17岁少年
商业街连续纵火
与3名少年有关
对此，社会上的看法大多是这样的吧。
不负责任的父母将孩子丢在一边，自己夜夜笙歌，所以孩子没人管教，结果青少年不良行为、犯罪事件增多了。
由此见解，问题的解决办法就成了这样。
父母尽责、社会监督，牢牢地看管好孩子，并且，如果发生了犯罪事件，就视为父母的责任，也要惩罚父母。
担忧

但是，事实真是如此吗？
法律福利专业的野田正人
在演讲中指出如下观点。
从小甚至需要靠打骂来管教孩子的父母，现在每5年就增长10%。
哎呀——
10年前的数字是45%～50%，5年前为60%，最近变成了70%。
另外，从进少年犯管教所的孩子来看，由于父母放任不管，没有尽责养育孩子，从而导致了孩子的不良行为。
从15年前开始，这种情况确实很多。

但是从那之后的某个时期开始，这种案例反而减少了。
老是说学，学真烦人！
相反，父母拼命想管教好孩子，结果却起了反作用的案例越来越多。
演讲中提及的这种现象，与我们在治疗一些不愿意上学、患有身心疾病的孩子时的感觉完全一致。
当然，孩子的问题并不只是因为父母育儿的方法不当所造成的。
抽泣
只是，一说起管教孩子，有人就把孩子出现问题归咎为没有管教。
其实，比起这一点，反而更多的原因是对孩子实行体罚等严苛管教，结果妨碍了父母与孩子的交流，阻塞了父母与孩子心灵之间的通道。
说这是孩子出现问题行为，引起症状的一大要因。

事情变成这样，
到底是谁的错呢？
每次有青少年事件发生，
一个劲地强调家庭责任，
少年A的
家庭情况
从小就得
严格管教。
否则就会
犯大错的。
煽动父母育儿
不安的政治家
和所谓的有识
之士们，另外，
媒体的影响
也是原因之一。
值得一提的是，
据统计，青少年
不良行为数量
虽不稳定，
但较之以前
还是减少了。
关于故意犯罪，二战后的
青少年杀人案件，
从1950年起的40年间，
每年400件左右，
变成近年每年100件
左右，相比之下，
是明显减少了。
现在
S25
40

另外，世界上无论哪个国家，杀人犯的年龄多是处在15岁到25岁。
但是，在日本，杀人事件却在45岁到55岁的男性身上发生最多。
这样的国家，再无其他。
而世界的目光
为什么发生在日本年轻人身上的杀人事件这么少？
还是关注于这件事情
现在需要的不是严加管教、家庭的教育能力等等抽象的话语。
而是随着孩子的成长如何与孩子接触，
以及具体的知识和技能。

那些具体的知识能在给父母带来育儿安全感的同时，又能影响更多的人。

这需要社会全体的智慧。我觉得这才是名副其实的『育儿支援』。

妈妈，我是卖花的小姑娘哦——

12

育儿支援

▶ “育儿支援”现在成为日本全社会的课题。

早期，我作为成人心理医生，关注于自杀和疾病的预防。
在这个过程中，我的关注点逐渐转移到儿童心理健康。
然后，在小学担任心理顾问老师。
在儿童问题咨询室面对儿童虐待问题的过程中，
我想到的是——

育儿支援
许多不良行为与青少年犯罪预防方面的专家最后发现的关键点也是这个方面。
另外，『育儿支援』成为了日本现在的一项大问题。这与日本少子化、男女共同参与（性别分工）都有密切的关系。
现在育儿很难啊……我们就不要孩子了吧，我可不想放弃工作。
嗯，也是啊。

现在，育儿绝非仅仅是母亲和孩子之间的问题，而是日本全社会的一大课题。
这个课题关乎今后日本该朝哪个方向发展，是一个影响社会基础，涉及范围极其宽广的领域。
养老不能仅仅依靠家庭，
为了确保社会全体人员的贡献，便开始制定养老保险制度。
现在也不得不将育儿问题放在全社会的构成中来对待。这样的时代到来了。

读者来信

亲子温馨一刻 1

怀第二个孩子的时候，我的身体状态逐渐吃不消，时常烦躁。有一次，我因为一件小事无意间对两岁六个月的女儿发了火。

第二天早上，我准备起床的时候，女儿说："妈妈，您坐这儿。"女儿让我坐在她面前，我问："怎么了？"便坐在了她的面前。女儿突然一本正经地坐好，低下头对我说："妈妈，一直以来都很谢谢你。"

不知为何，一直任性发怒的我，突然感觉肩膀上的重担一下轻了很多，眼泪也随即而出。而且，那天正好是母亲节。

我抱着女儿说："对不起啊，妈妈总是发脾气……""就是嘛，这样不好哦。"女儿回答。这件事成为我一生难忘、最美好的母亲节回忆。

（宫崎县，32 岁，女性）

由于工作的原因，我经常很晚才去幼儿园接孩子。

"今天也好累啊，"我一边这样想一边骑着自行车，3 岁的儿子说："妈妈，月亮跟着我们呢。月亮喜欢我吧。"

到家后，儿子笑眯眯地说："月亮一路跟到家里了呢。"突然感觉一天的疲惫烟消云散了。

（广岛县，36 岁，女性）

儿子两岁三个月的时候，我发高烧倒下了。儿子也发烧到39度，可是他仍然生机勃勃的样子！！（孩子真是个坚强的生物啊……）

“好痛啊。”无法忍受的我躺在床上呻吟了一句。

儿子听见了，就不玩了，在柜子里喀嚓喀嚓地翻来翻去。我无可奈何地想：“又在捣乱了……”突然儿子拿来创可贴，在我枕边轻轻地坐下。小手费力地撕开创可贴，贴在我的指甲盖上，然后问：“妈妈，还痛吗？我帮你贴了胶带，痛痛飞喽。”

儿子这么点儿大，什么时候有疼人的心了？我的心里暖融融的，感动得泪流不止。

（福岛县，26岁，女性）

儿子从两岁开始，一直帮我做一件事。

那就是用完吸尘器的时候，儿子会帮我一起把它搬回原来的地方。只要我关掉吸尘器，儿子不管是在看电视，还是在玩迷你车，都会途中停下来，飞奔过来帮忙。

说是这么说，儿子还这么小，不可能搬得动那么重的吸尘器，只是在我搬的时候，他会用手把着吸尘器的两侧和我一起走。那时候，他一脸的认真，还会随之发出“嘿呦、嘿呦”的声音，好像很重的样子，可真逗。

“啊，好重啊，多亏了××小朋友的帮忙啊，谢谢！”每当我表示感谢的时候，他就会露出一脸的开心。真希望孩子一直都能这么贴心。

（岐阜县，34岁，女性）

读者来信

亲子温馨一刻 ②

儿子出生后，就一直跟我睡。

五岁的时候，儿子问我：“我要一直跟妈妈睡到几岁啊？”“一直到 50 岁！”我回答说。

“啊？”大家都惊讶地闭不拢嘴。“啊！不对不对不对……还是跟妈妈睡到 90 岁吧！”儿子更正道。大家更加惊讶了，而我却高兴得快流出了眼泪。

（岐阜县，40 岁，女性）

最近经常因为一些小事跟大儿子（3 岁 11 个月）吵架。前些天，我从早上开始就一直念叨他：“把玩具都收拾到一起！”“邻居会很烦的，你安静点儿！”……两个人心情都很郁闷。

就这样到了夜里，我收拾好桌子，便躺下睡了。这时候，本来跟我闹着脾气的大儿子，突然趴在我身边说了句话。

“妈妈，其实我真的很喜欢妈妈呢。我不能没有妈妈。”儿子呢喃着这句话，我的心里早已是泪如雨下……

我也立即对他说：“妈妈也不能没有你，妈妈最喜欢你啦。”然后亲了他一下。多么充满爱的瞬间啊！！

（鹿儿岛县，30 岁，女性）

每天，我和儿子在家门口送丈夫出门的时候，儿子都会给他爸爸“出门之吻”。

有一天，我和丈夫闹矛盾了。

儿子亲了他爸爸后，把我和丈夫的手拉到一起，让我们亲一个。

我们两个人意外地笑了，就这样重归于好。

那次以后，我们就成了不时地被儿子要求亲一个的爸爸、妈妈。

（静冈县，26 岁，女性）

我有两个孩子：四岁的大儿子和一岁十一个月的小儿子。

每天晚上睡觉的时候，大儿子都撒娇要和我睡，还让我两只手抱着他睡，小儿子就硬是挤进我和大儿子之间，这样的“和妈妈一起睡的争夺战”愈演愈烈。两个人都紧贴着我，慢慢地睡着了。睡相差的两个儿子不知不觉间就滚来滚去地离我越来越远。

可是，一到了早上，不可思议的是，两个人居然睡着滚回了我的被子里。不是顶着我的头就是枕着我的肚子，我醒来，发现床居然被这两个小子完全占据了，没了我的地方！

这样我逐渐得了慢性睡眠不足的毛病，但是却感觉十分幸福。

我反省着自己对孩子一点也不温柔，却还是念念叨叨地对孩子发火。可是孩子却紧紧地依偎着我……虽然不知道孩子们还能这样跟我睡到什么时候，但我希望珍惜这段有限的时光。

（冈山县，37 岁，女性）

Q.1

我对育儿没有自信，每天都很苦恼

我对自己的育儿完全没有自信，
每天都像在摸索尝试，很是苦恼。

每天，在如此大的心理负担下，还坚持带孩子，您真的很努力！

虽然您说自己没有自信，但是对于育儿，没有哪位父母能够胸有成竹地说“我有自信”吧。表面看起来育儿没有任何困难的人，也有着许多自己的烦恼和不安。

不管在什么年龄成为父母，大家一开始都是外行，都没有自信。没有人一开始就是完美的父母，然后再生孩子。

而往往是在不完美、不成熟的时候生孩子，然后与孩子一起成长。

没有自信是很正常的，不断地摸索、尝试，每天围着孩子转，这些不都是父母很好地养育孩子的证明么？

另外，不正是因为没有自信，才会开始询问，才开始有了学习的态度么？

那种对自己的育儿很有信心，觉得自己的育儿方法很完美的父母反而会更加令我担心。如果他们的育儿方式真的完美那还罢了，如若不然，孩子会被父母自以为是的育儿理念所压迫，而且一直忍耐，拼命想要达到父母的要求，若是这样，那这个孩子就太可怜了。

●『对育儿没有自信』的想法才正常。

●比起什么都力求完美的母亲……

以前有过一个关于“希望妈妈怎样做”的问卷调查，孩子对此回答最多的是：“希望妈妈能够失败！”有些母亲力求把什么都做到完美，同时也要求周围的人达到完美的程度，比起这样的妈妈，也许那些即使偶尔会犯错，但也能笑着打哈哈说“啊哈哈，又搞错了呢”的妈妈，更能让孩子觉得安心。

请一定要对没有自信的事情，抱有信心！

Q.2

孩子不顺心就闹脾气，真不知道该怎么办才好

我儿子 1 岁 7 个月了。

最近，他一有什么不如意的事情，瞬间就闹脾气了。

我禁不住就骂他太任性了，这时候可该怎么办呢？

孩子过了1岁半，就开始明白了喜怒哀乐的情绪，照顾孩子就变得非常费力气了。特别是男孩子，就真是够母亲受的了。其中，特别让人心烦的就是孩子闹脾气。

事情不顺心的话，孩子就会大哭大闹，大喊大叫，翻来滚去，手脚乱挥。别人不按自己的意思来时会如此，自己没办法的时候孩子也会闹脾气。

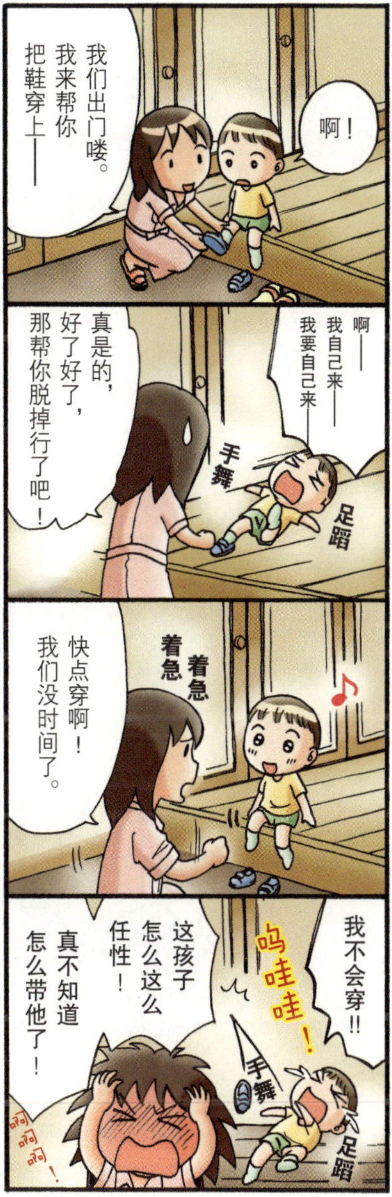

一看到孩子闹脾气，父母很容易就会认为是孩子“太过情绪化”“使性子”。实际上，闹脾气是孩子成长过程中无论如何都需要经历的。这是孩子心灵成长，开始明确地要求自己以及自我意识萌生的表现。但是由于孩子还不会判断周围的状况，产生的矛盾就带来了孩子闹脾气的结果。所以，**这是孩子心理成长，自我意识萌芽的证明，是件可喜的事。**

哇
这也是成长的证明啊……
滚去
滚来

闹脾气是孩子成长过程中，无论如何都需要经历的过程。

● 闹脾气是孩子成长过程中，无论如何需要经过的过程。

孩子闹脾气的原因有很多。当孩子希望母亲做某件事情，想和妈妈在一起、想自己一个人做某件事、想睡觉了、肚子饿了、或者累了的时候……

睁眼一看
啊，妈妈不见了。
为什么让我一个人啊！
推开门
哇啊啊……
啊，你起来啦？
乖乖，怎么啦？
哇啊
啊啊
妈妈现在对我这么温柔，是因为我不高兴了——
我明明这么想睡觉，怎么突然这么烦躁啊！妈妈帮帮我！
哇啊啊啊！
真是的，你要哭到什么时候啊。妈妈现在很忙，就不抱你了。

●不要认为孩子是『任性』，要体会孩子的心情。

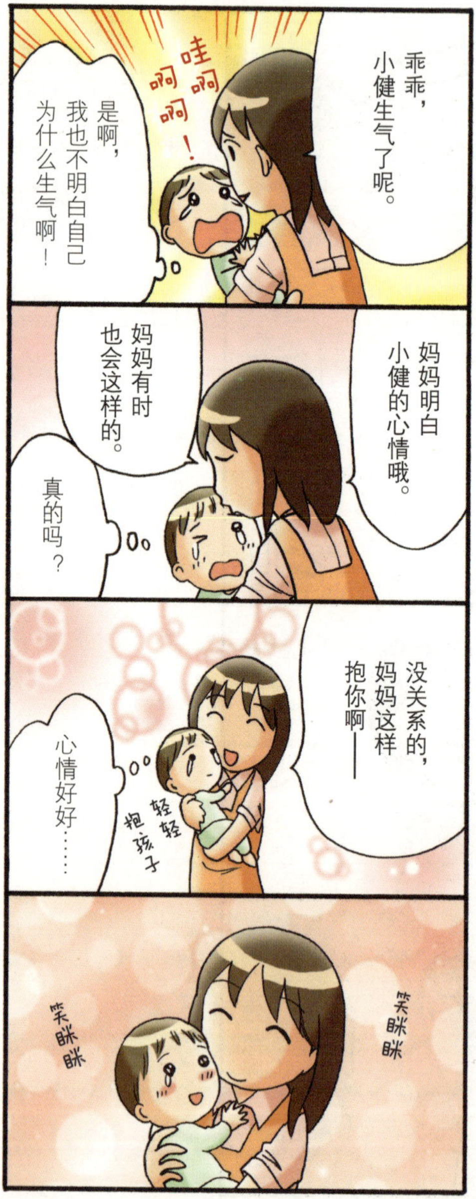

重要的是不能认定孩子闹脾气是“任性”“坏孩子”，便斥责孩子，也不能因为孩子闹脾气让人很困扰就对孩子言听计从，关键是要体会孩子的心情。

人生的确不是一帆风顺啊。但若那些悲伤、痛苦的心情能够得到父母的理解，孩子就能学会忍受，努力克服。

“宝宝不高兴了呢”“无论如何宝宝都想自己动手做啊”，带着这样体恤孩子的心情抱抱孩子，孩子的情绪就能够逐渐缓解下来。

这样做的话，孩子就能够产生被母亲珍视的安心感，也能够成为培育孩子体贴之心的基础，让孩子学会体恤他人的心情。

Q.3

孩子“认生”若不早点改过来，以后会很让人担心吗？

儿子现在两岁七个月了，

可是他很“认生”，不管做什么，妈妈不在就会大哭。

老公说：现在不开始让孩子改过来的话，

以后在社会上可不好办，这可怎么办呢？

孩子到一岁左右，就开始能够分辨出让自己觉得安心的人和让自己感觉不安的人。所以，见到不认识的人跟自己打招呼，孩子就会大哭，要紧紧地跟在妈妈后面。这就是所谓的“认生”。

完全不必担心孩子认生。

“认生”首先是孩子心里有自己觉得安全的人才会出现的现象，孩子与特殊的人（基本上是母亲），或能让孩子感觉心安的人之间产生了心灵的羁绊。这是件非常好的事情。

所以，两岁七个月的孩子认生，紧跟着母亲，是完全不必担心这一点的。这反而是孩子心灵健康成长的证明。

这样，与母亲之间有过强烈羁绊的孩子，到了三四岁的时候，就会得到足够的安全感，那时即使没有妈妈在身边，也能独自行动了。

孩子在婴幼儿时期完全不认生的话，与父母之间的心灵羁绊可能会变得薄弱。这样的话，有必要再次疼爱孩子、宠孩子。

Q.4

怎样才能让孩子坚强点，不哭呢？

女儿已经 3 岁了，但有一点小事就立马会哭起来。我想让她成为不会因为一点小事就哭的坚强孩子，我一听到她的哭声，就会不由自主地觉得焦躁。该怎么教育孩子才好呢？

确实，经常听到孩子的哭声的话，我也会变得焦躁不安。

“啊——啊——啊——就知道哭，到底要怎样啊！”不知不觉就会大骂起来。

但是，哭是孩子表现自我情感的方式，对于孩子的心理成长很重要。并且，为了让孩子今后能够用语言来表达自己的心情，哭泣也是个十分重要的过程。

也有所谓的“不让孩子哭的育儿方法”。

一种是当孩子一想哭的时候，立刻大声怒斥孩子，或打孩子，以此不让孩子哭出来。当家里有人对孩子的哭声特别厌烦的话，母亲就会想尽一切办法不让孩子哭出来。

因为孩子明白“如果自己哭的话，下场会很惨”，所以就不哭了。

但是，与此同时，孩子也失去了喜怒哀乐的表情。这种状态很让人担心。

●用打骂的方式不让孩子哭的话，会造成令人担心的局面……

真烦人，你快给我，别让他哭了。
你要哭到什么时候！给我适可而止！
啪啪啪
抽打
哇啊啊！
哇啊啊！
玩具
可别在这种地方哭！
一把捂住孩子的嘴
买这个嘛……
不许哭！
孩子真乖啊！
就是，就这样。

另一种“不让孩子哭的育儿方法”与之相反。因为听到孩子的哭声很烦，当孩子要哭出来的时候，就给孩子想要的一切。这种方法有时挺有效。表面看上去，能够敏锐地捕捉到孩子的欲求是一件挺好的事。若孩子能够依靠自己的倾诉与要求得到某物，会产生一种自信。如果在孩子哭着要之前，就把一切都给了他的话，就会失去培养孩子这种自信的机会。

●为了不让孩子哭，给他想要的一切，这样无法培育孩子的自信。

你想玩球啊，妈妈明白哦！
妈妈现在就去拿。
孩子是不是想要这个啊……
买那个吧！
甜甜圈店
瞄一眼
孩子想吃甜甜圈啦——
……
沉默
沉默

让孩子尽情哭出来
抱抱孩子、哄哄孩子
孩子就不哭了

相反，随心所欲哭出来的孩子，能够如实地表达出自己的心情。这可以说是件很好的事情。

通过一次次地重复这一系列动作的过程，能够让孩子明白表达出自己的感情是可以的，哭也是可以被接受的。这样能够帮助孩子形成自我肯定感。

这样的话，**等孩子再长大一点，反而会更加坚强，慢慢地就不会再因为一些小事哭了。**

关于孩子哭的问题，以前的日本社会流行过一阵风潮，“不许哭”“鼻涕虫”等言语都反映出人们认为孩子不可以哭。但是，喜怒哀乐的感情对于人类的心灵成长是十分重要的。

您的孩子才 3 岁，让他感觉不安、可怕、难受的事物还有很多。每次面临这些现实，孩子能够大声哭泣，是心理成长健康的证明。

这样，孩子通过大声哭出来表达自己的情感，然后得到安慰和宠爱，便学会如何控制自己的感情。

这其实是防止孩子今后性格暴躁失控的最有效的途径。

Q.5

怎样才能让自己变得更有耐心呢?

我经常催促孩子。

一看见孩子，不知不觉就开始催促孩子，

念叨着为什么这点事都做不好之类的话。

如何才能变得更有耐心呢?

我不想起床——
啪地掀开被子
要睡到什么时候，太阳晒屁股了！
真是的！
快起床！
咚咚锵
咚咚锵
要迟到了！
啪
啪啪
快点去洗脸！
快点
快点
还没换衣服？动作真慢——
你住手——
喂！
妈妈也是很忙的，所以，你给我快点，快点！
我自己来！
真是的！
别看电视了，快点吃！
嗯……
啊……
天啊——这真是越来越给我找事儿了！
啊啊啊——

您应该努力从母亲的角度，来尊重孩子的速度，愿意等等孩子。**我觉得大人和孩子的关系就好像两人三脚的游戏**。有人在结婚典礼上致辞经常会说夫妻关系就像两人三脚的游戏，我倒觉得大人和孩子之间的关系更适合这个比喻。

两人三脚的游戏就是即使一方着急想跑快些，但不配合另一方的速度的话，就无法前进。无视对方的速度，想自己快点跑的话，结果自己也会跌倒。

● 看清并配合对方的速度和节奏。

这时候，为了能够稳步前进，该怎么办呢？不是严声厉色地呵斥对方：“再跑快点！”“为什么不能再跑快点呢？！”而是看清对方的速度和节奏，并相互配合。

自己的速度一旦慢下来，两人呼吸节奏一致后，意外地会前进得更快。

对待孩子也是一样，如对待孩子的作业问题，“作业有好好做吗？”“为什么不做？”“为什么撒谎说做了？”“你什么时候才会做作业？”像这样严厉地逼问孩子的话，即使孩子鼓起干劲准备做作业，也被这一连串的逼问搞得干劲全无了。

关于作业，孩子在学校已经被说教过了，所以在家里就不要再对孩子一遍遍地念叨个没完。在学校被提醒，看见同学做作业的时候，自己也会自觉，打算做作业了。

这时候，**先认同孩子：“这不是在好好做嘛！”当孩子有不会的地方，就跟他一起做**。那样才更能让孩子鼓起干劲，不是吗？

没做作业的人站起来。
呜呜呜，好丢人……
站起来

好的！
就是今天！
行动！
行动！
不管有什么事，
一定要把作业做了！

Q.6

不希望孩子将来是动辄发怒的暴脾气，需要增强孩子忍耐的能力吗？

不希望孩子将来动不动就发脾气，
我想让孩子从孩童时期就学会忍耐。
该怎么办才好呢？

正是不让孩子发泄心中怒火，想把孩子培养成忍耐力强的孩子，才容易造成孩子性格失控。这种培养孩子的苦心我能理解。但是从理论上来看，这种做法是错误的。

例如，工厂会排出大量的有毒气体。如果不经过处理，直接排出的话，就会污染大气。

为了不造成大气污染，如果在烟囱上加盖，会怎么样呢？确实，暂时看起来可能觉得还很好，但是慢慢地，废气就会倒流进工厂内部。工厂内充满有毒气体，也许会造成工厂里的员工窒息，或者整座厂房的爆炸。

这时候，不是需要在烟囱上加盖，而是需要将有毒气体转化成无害的气体。经常是在烟囱口点火，将有毒气体烧掉就转化成无害的气体。

与这个道理相同，**我们心里会有怒气或怒火、悲伤等负面情绪。如果一点都不释放出来，全部压抑在心里，这些情绪就会在体内扩张，成为各种身心性疾病的根源。**

✕ 如果抑制负面的情绪……

面对孩子的负面情绪重要的不是抑制，而是**将情绪变成无害的形式，倾吐出来**。这种无害的形式就是语言。

将心中的怒气用语言倾吐出来：“这样真是让人火大！”

“好羡慕妹妹！”嫉妒的话，这样说出来。

这样一来，孩子即使不爆发，心情也会变得畅快。这就是对感情的控制。

○ 倾吐出来就能将负面情绪转变成无害的形式。

为了让孩子以后的性格不失控，父母能做的是体会孩子的心情，即使是负面的情绪，也不否定，并且将之说出来。“不高兴了呢”“你生气啦”“很难受吧”，若是这样的话，孩子逐渐便能够察觉自己的感情，并用语言表达出来。

如果能做到用语言来吐露心情，就能够收敛住自己的心情。

× 总让孩子忍耐的话……

〇不否定孩子的感情，让孩子用语言表达出来。

你这家伙居然在我的笔记本上涂鸦！
你这家伙！
干吗呢，干吗呢？
呀——
啊，确实把哥哥的笔记本涂得乱七八糟呢，就算是哥哥也会生气呢。
是吧——那家伙真让人火大！
妹妹总是这么顽皮，难怪哥哥生气呢。妈妈理解的。
抚摸
就是嘛！
妈妈今后会提醒妹妹的，
这个笔记本妈妈尽量来弄干净。
嗯，算了，妹妹今后注意就好了。

Q.7

要满足孩子的要求到什么程度呢?

育儿中，要满足孩子的要求到什么程度，该怎么提醒孩子才好呢？真是非常烦恼。真不知道怎么办才好。

我想要的是隔壁的小姐姐……
!!

孩子不会顾虑到大人，总会提出很多让人难以办到的要求。其中，也会有些让大人觉得任性的要求。究竟要容许孩子的要求到什么程度，从哪个界限对孩子说不行，父母都会有这些烦心的问题吧。

只是当我看到这个妈妈的问题的时候，就觉得这位妈妈的育儿方法还是很不错的。为什么这么说呢？

首先，父母有这种烦恼，说明孩子能够对父母如实地提出自己的要求。如果孩子不能提出自己的要求，就不会有这种烦恼了吧。这说明孩子逐渐拥有了提出自己意见的能力，是件非常好的事情。

今天天气很好，我想去动物园。
中午在外面吃饭，我要吃汉堡包和冰淇淋。
之后，你再给我买新玩具。
……

培养孩子自我主张的能力，是件非常好的事情。

面对孩子的要求，母亲就会烦恼："允许到什么程度，在哪里说不行？"

母亲一旦听了孩子的要求，就会在心里判断，哪些程度的要求可以满足，哪些程度的要求不行。按母亲的方式来划界限，能够认同的部分就答应孩子，不行的部分就老实地拒绝孩子。抱着认同孩子自我主张的态度，同时也教会孩子一定程度的规矩。这是非常好的。

在哪里划上界限是要因人而异的。

当然，在哪里划界限是因人而异的。因为每个家庭的状况不同，父母们也各有自己的育儿方针。这都可以按自家的情况来。

真正让我担心的是什么情况呢？

首先，孩子完全没有自己的主张。也就是说，孩子顾虑到家长，只会照顾家长的情绪。这种情况下，父母不会有如前提出问题的烦恼。但是孩子压抑着自己的心情，将来可能会出现各种让人担忧的症状。

另外一种情况是，无论孩子提出什么要求，家长们全部驳回。这也不会产生“应该在什么程度拒绝孩子”的烦恼。

完全允许孩子的任何要求，也不会产生“在什么程度对孩子说不行”的担忧。

但是，不论哪种情况，这样继续下去的话，孩子心灵成长的过程中，会出现许多令人担忧的问题。

●令人担忧的情况

孩子总是抑制着自己的感情
好想买那个啊……但是不能对妈妈说……
父母完全驳回孩子所有的要求
给我买——
不行！
帮我做——
不行！
我想要……
不行！
那个，……
不行！
做——
不行！
父母应允孩子的一切要求
给我买——
好啊！
帮我做——
好啊！
我想要……
好啊！
那个，……
好啊！
做——
好啊！

这样继续下去的话，孩子心灵的成长会滋生出很大的问题。

反过来说，**产生了“在什么程度答应孩子，在什么程度拒绝孩子的要求”的烦恼，在某种程度上，是接受了孩子的主张。另外，也在某种程度上，拒绝了孩子过度的要求。这样对待孩子的要求，能够培养孩子的自制力。**

所以，抱有如此疑问的人，本身就是育儿方式正确的证明。请一定要保持自信，坚定地继续“亲子大战”吧！

最后附加一句话，孩子出现身心性疾病或不上学等症状时，由于内心的苦闷，孩子有时会提出一些强烈的要求。这时候，请暂时缓和划定的界限，认真对待孩子的“任性”。

Q.8

独生子会给孩子的成长带来什么问题吗?

我们家的孩子是独生子。
现在正是少子化的时期，只生一个孩子的话，
出门感觉脸上无光，
也为了不被别人说这类的闲话“因为孩子是独生子”，
所以不得不努力地管教好孩子。很辛苦。
独生子真的会存在一些问题吗?

虽然比以前少了，但现在仍然有人对独生子女抱有偏见。比如，有人说“独生子女很寂寞”。但是即使有兄弟姐妹，反而觉得寂寞的孩子也有不少。

也有这样的声音说“独生子女很任性”。但是任性对于孩子来说，绝非是完全负面的一个词。

反而在孩童时代，首先有自我主张的能力是很重要的。

也可以说是因为独生子女一个人独有父母的爱，心灵健康地成长，所以能够有自己的主张。

独生子女很任性？
这是我的娃娃！
孩子有自己的主张，是拥有着父母全部的爱，心灵成长的证明。

独生子女很孤单？
完全不会!!
因为可以一个人独占妈妈！

也有人认为："独生子女不懂团结，没有协调性。"

确实，在兄弟姐妹中，打打闹闹，你推我攘，可以自然地接触和学习到与人相处的方式。

但是，孩子并不只是在家庭中成长，还有幼儿园和学校等。孩子可以在各种各样的场所里，与小朋友相处着长大。

在这期间，孩子学习协调性的机会有很多。

关键是，孩子有没有健康全面地成长，对孩子既不要过于溺爱，也不要过于严厉，更不要将孩子丢在一边，而是要多倾听孩子的心声，尊重孩子的人格，**这些都与孩子是不是独生子女没有关系**。

独生子女没有协调性?

孩子学习协调性的机会有很多

反而，将每个孩子独特的个性认为是“独生子女的任性”等，归咎于是独生子女，对独生子女带有偏见，这些偏见难道不就是最严重的问题吗？

另外，有人说：“父母对独生子女过于保护。”这种观点仅仅因孩子是独生子女，没有别的根据就批判父母的育儿方法。这种想法是绝对不能有的。

独生子女和有兄弟姐妹的孩子一样，也拥有许多出色的地方。

大家对这些抱着认同的态度，并且尽量让双方的优点得到发挥的话，在如今的世道是十分可喜可贺的。

Q.9

单亲母子家庭对孩子的成长会造成影响吗？

我家是单亲母子家庭。

我担心这种家庭环境会给孩子的成长带来问题。

● 这样的爸爸没有更好。

从结论来看，**没有因为是单亲母子家庭就会造成问题的说法**。沉湎于暴力或赌博的爸爸，没有更好，这样的例子有很多。

相反，妈妈一个人辛苦养育孩子，孩子将这些看在眼里，心生感激，从而变得优秀的情况也是很多的。

叽叽
喳喳
嚼舌头
因为他们家是单亲母子家庭啊……
是不是孩子没有礼貌不规矩了？
啊啊！扣子开了！
紧绷
我不好好管教孩子的话……
真不讲究！快扣好！
这位妈妈，
喂喂
别这么紧张。
小莎非常努力哦，是个非常温柔的好孩子。
老师……

只是，我谈一点我的感受。很多母亲因为是单亲母子家庭，就想将孩子教育得比其他孩子更加优秀、更加坚强。于是便会过于紧张，过于倾注力气。希望这样的母亲能够缓和下来，放轻松。

那样的紧张情绪，会强迫孩子自立，母亲自身也很痛苦。

一个人养育孩子，真的是件十分辛苦的事情。

请一定要表扬正做着如此辛苦的事情的自己。

被如此出色的母亲带大的孩子，肯定很幸福。

Q.10

为了打开孩子的心扉，该怎么跟孩子说话才好呢？

孩子即使做了坏事，

也一点都不承认自己的错误，光会顶嘴。

问他怎么想的，他什么也都不说。

该怎么做才能让孩子打开心扉呢？

有个跷跷板法则。

在跷跷板中间放一个球。

如果想要球到自己这边，该怎么办才好呢？

有两个办法。

一个是抬高另一边。

另一个是压低自己这边。

相反地，抬高自己这边，压低对面那一边的话，球肯定会滚向另一边。

相同的道理，想让对方打开心扉的时候，该怎么办呢？

抬高对方，放低自己。

费了心力的，是你。不够努力的，是我。

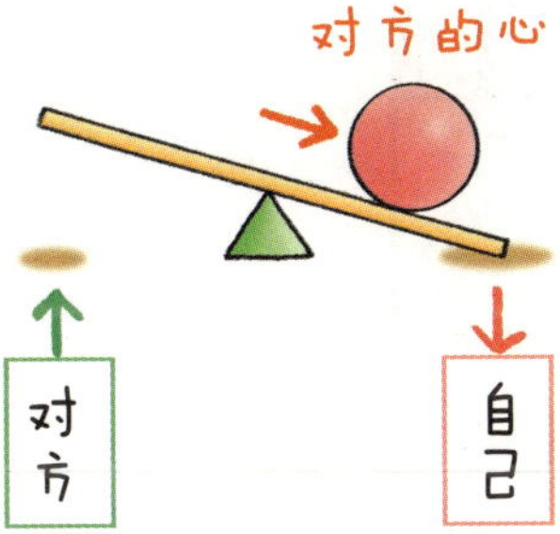

抬高对方，压低自己。

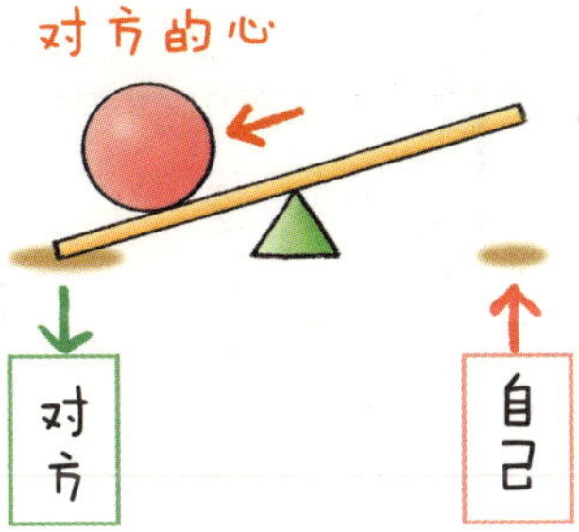

抬高自己，压低对方。

× 抬高自己，压低对方。

这样的话，对方的心扉肯定会向这边敞开。

但是，反过来抬高自己，压低对方的话，会怎么样呢？

明明自己这么努力，你却一点也不费心，这样说的话，对方的心肯定会远离的。

○压低自己，抬高对方。

哇啊啊！
这是有原因的吧，
是怎么了？
我明明在看漫画书，这家伙一个劲地找我搭话。
这样啊……最近妈妈回来得也晚，没能好好看着你们。
真对不起啊。
那家伙，总是没完没了地找茬儿啊！
真是的！好讨厌啊！
哥哥一直陪着弟弟呢，真是谢谢啦！
算了，妈妈明白就好了，
今后我也会多多忍耐一下的。
哥哥要温柔些。今后别再打弟弟了啊。

这个规则放在夫妇关系中，又如何呢？

× 抬高自己，压低他人会导致冲突。

我回来了。
又回来得这么晚！
啊！你可真好啊，还能这么悠闲地在这儿泡澡。
嘎啦推开门
哇！怎么了！
我可是一天24小时，快累散架了，完全没有这么悠闲的时间呢。
你总是在孩子睡着了才回来，所以一点也不知道带孩子的辛苦吧！
我啊，可是每天……
你就不能帮帮我吗！
我受够了!!你真啰嗦——
呀！你干什么？
男人有多辛苦，你又知道吗！
泼水

啊啊——刚结婚那会儿明明那么可爱……
老公
部长！今天也回去这么晚，没关系吗？
回家又会被念叨一堆……

○压低自己，抬高对方会带来圆满。

我回来了。
老公，你回来了。
老公你每天都回来这么晚，真是太辛苦了。
又升职了，有很多事情要忙吧？为了我们这个家，你真是辛苦了。
哪里哪里。我能够安心在外工作，都是因为你在家里这么努力地操持啊。
没这回事啦！我其实很闲的。
じ～ん
啊啊……我真是有个好妻子啊……以后要早点回来，减轻妻子的负担！

啊，今天回来得好早啊。
我回来了！
爸爸

Q.11

对父母说孩子的问题时，老师需要注意什么？

我是一名班主任老师。班中一个孩子总是出现问题行为。请孩子的父母来过学校，孩子的亲人也提醒过孩子。但孩子的行为还是没有多大改善。这该怎么办呢？

●责怪孩子父母的话，孩子父母也听不进去。

幼儿园
您孩子向其他小朋友扔石子，把人打伤了。
小学
课堂上不遵守纪律，真让人困扰。
儿童咨询室
您有倾听过孩子的心声吗？请多对孩子倾注些关爱吧！
娘家
是不是你的教育方法错了？

和“老是出现问题行为的孩子”的父母谈话时，最重要的是绝对不要责怪孩子的父母。

至今为止，他们肯定已经多次因为孩子的问题被叫到学校，被责怪对孩子的教育方式有问题。他们已经有这方面的经历了。

× 家长也变得过于敏感……

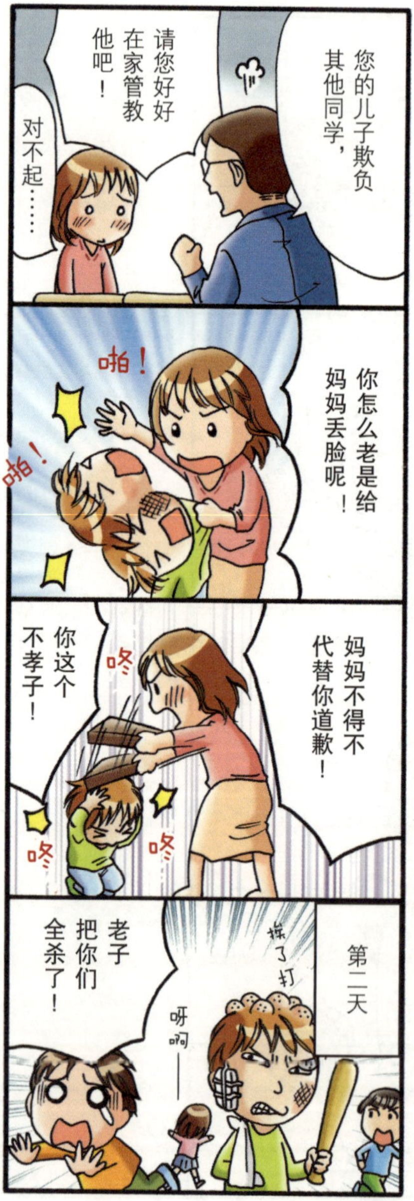

特别是孩子的母亲，一旦孩子出现了什么问题，孩子的母亲就会开始责怪自己。对这样的父母，再责怪他们的话，也无法让他们真正地听进心里去。

孩子父母不仅听不进心里，有时候还会引发更惨的悲剧。

○ 体谅孩子母亲的老师。

我跟您孩子才相处半年，就这么辛苦了，您至今为止已经在这孩子身边这么多年了呢。
这是多么辛苦的事情啊！
真的是啊，
说这些话的只有老师您啊。
但是这孩子也有很温柔的地方啊。
一定是妈妈教的吧！

虽然这是个极端的例子，但是当孩子出现令人担忧的行为时，父母也会变得过于敏感、不安。所以，决不要再责怪父母。

反而要体谅安慰父母的辛苦。

●孩子出现问题时，父亲也有责任。

确实有很多想对家长说的话吧，但是就那么一股脑地倒苦水也无法改善现状。首先，要体谅这孩子父母的辛苦，安慰他们。然后再开始交流。

这在夫妇间也是一样的。

孩子出现什么问题的时候，有的孩子父亲会责怪孩子的母亲。

这样是绝对不行的。孩子出现问题，父亲也是有责任的，将教育孩子的事完全交给孩子母亲，一有什么事就责备孩子母亲："我不是说了孩子的事全都交给你了吗！"希望孩子父亲不要这样，而是多对孩子母亲说些体贴的话。

一直以来都把孩子的事推给你，这次的事情，
是我的错。
我觉得你已经用尽一切精力了，
这件事不是你的错。
没有这回事。
啊，老公理解我……
我也有许多需要反省的地方……
一直以来都让你感觉孤单了吧，对不起……
以后我们一起努力吧！

Q.12

孩子不想去上学了，父母该怎么办呢？

孩子不去学校已经3个月了。
一开始，他妈妈想尽一切办法想让他去上学，
但孩子反而更加胡闹，真是让人操碎了心。
最近，我想也只有接受孩子现在这样子。
这样下去真的好吗？

一开始不理解孩子的心情，强行要让孩子去学校，但是后来慢慢地理解了孩子的心情，便接受了孩子目前的状态。我觉得这样是非常好的，基本上来看，保持现状是好的。

孩子变得不想去上学时，父母的心理过程与心理学家所说的末期患者的心理过程有相通之处。指出这一点的是巨椋修，他的电影作品有《不上学的真相》《没关系》等。

第一阶段　否认

当出现无法接受的打击时，首先心里会出现否认的情绪。

第二阶段　生气

不得不承认现实的时候，接下来，会发怒或怨恨。

第三阶段　交易

然后，无可奈何的时候，与孩子进行交易。

或者借助一些超自然力量。

第四阶段　抑郁

经过了以上的阶段，知道一切都没用后，便陷入整个人被无力感和悲伤占据。

第五阶段　接受

最后，得知不得不接受现实，最终心里平静了。

并不是每个人都会经历这五个阶段，也有人会跳跃，或停在中间某个阶段。这些心理过程也并不只符合孩子不上学这件事，这也可以说是当人遇见某种打击时，一般的心理变化过程。

从这个角度看，这位提问者已经到达了第五阶段了。才三个月就已经到了这个地步，真是不容易啊。

可是这五个阶段的最后一个阶段“接受”，真的就是最后的心理状态了吗？我之前一直在纠结于这个问题。

我有一些疑问。虽然要“接受”，但心底依然会有些不甘心。心想，就这样放弃了吗？这就是最终结果了吗？

最近，我终于找到了答案。接受不是最终形态，在那之后，还有一个阶段，那才是最终阶段。就是“感谢”。

第六阶段　感谢

大家都彻底地思考孩子为什么不上学、孩子出现不良行为的时候，那首先，必定会面临这样一个问题，那就是作为一个人活着什么才是真正重要的。

“首先，孩子父母需要改变”，因为这样的想法而努力的实际过程中，孩子父母会感受到，孩子的痛苦，其实是他们自身的痛苦。

而当孩子父母领悟到这一点，就会迎来“感谢”这份强烈的幸福。

当然，对正挣扎于眼前的痛苦的人说要抱有感谢之心，这是不行的，靠强制手段是不能产生感谢之心的。

但是，令我大为惊讶的是，每次参加专门为不去学校的孩子们召开的家长会的时候，必定都会有一两个家长说出对自己孩子表示感谢的话语。

所以，不幸绝非是绝对的不幸，不论是什么时候，都有变成幸运的可能。

我认识好几个人，他们即使得了晚期癌症这样的不治之症，也对自己得的这个疾病抱有感谢之心，“因为得了这个病，才让我知道了一些这么重要的事情”，然后双手合十而逝去。

因为孩子，我遇见了很多人，学会了做很多的事。
孩子不愿意上学后，我明白了一些很重要的事情，如果不是这孩子，我可能一生都不会注意到这些。

从这个意义上来讲，育儿是为我们带来幸福的事情。在育儿的过程中没有遇到麻烦的时候很快乐，而遇到麻烦的时候，反而更值得快乐。

谢谢……